BEI GRIN MACHT SICH IHR WISSEN BEZAHLT

- Wir veröffentlichen Ihre Hausarbeit, Bachelor- und Masterarbeit

- Ihr eigenes eBook und Buch - weltweit in allen wichtigen Shops

- Verdienen Sie an jedem Verkauf

Jetzt bei www.GRIN.com hochladen und kostenlos publizieren

Bibliografische Information der Deutschen Nationalbibliothek:

Die Deutsche Bibliothek verzeichnet diese Publikation in der Deutschen Nationalbibliografie; detaillierte bibliografische Daten sind im Internet über http://dnb.d-nb.de/ abrufbar.

Dieses Werk sowie alle darin enthaltenen einzelnen Beiträge und Abbildungen sind urheberrechtlich geschützt. Jede Verwertung, die nicht ausdrücklich vom Urheberrechtsschutz zugelassen ist, bedarf der vorherigen Zustimmung des Verlages. Das gilt insbesondere für Vervielfältigungen, Bearbeitungen, Übersetzungen, Mikroverfilmungen, Auswertungen durch Datenbanken und für die Einspeicherung und Verarbeitung in elektronische Systeme. Alle Rechte, auch die des auszugsweisen Nachdrucks, der fotomechanischen Wiedergabe (einschließlich Mikrokopie) sowie der Auswertung durch Datenbanken oder ähnliche Einrichtungen, vorbehalten.

Impressum:

Copyright © 2014 GRIN Verlag, Open Publishing GmbH
Druck und Bindung: Books on Demand GmbH, Norderstedt Germany
ISBN: 9783668276536

Dieses Buch bei GRIN:

http://www.grin.com/de/e-book/337524/deutsch-als-fremdsprache-in-griechenland-anwendbarkeit-der-grammatiken

Eleni Vlachou

Deutsch als Fremdsprache in Griechenland. Anwendbarkeit der Grammatiken und Grammtiktheorien im didaktischen Alltag

GRIN Verlag

GRIN - Your knowledge has value

Der GRIN Verlag publiziert seit 1998 wissenschaftliche Arbeiten von Studenten, Hochschullehrern und anderen Akademikern als eBook und gedrucktes Buch. Die Verlagswebsite www.grin.com ist die ideale Plattform zur Veröffentlichung von Hausarbeiten, Abschlussarbeiten, wissenschaftlichen Aufsätzen, Dissertationen und Fachbüchern.

Besuchen Sie uns im Internet:

http://www.grin.com/

http://www.facebook.com/grincom

http://www.twitter.com/grin_com

GRIECHISCHE FERNUNIVERSITÄT

**Postgraduiertenstudium
in Deutsch als Fremdsprache**

Studieneinheit:
Grammatik und ihre Vermittlung im Fremdsprachenunterricht

Hausarbeit:

Anwendbarkeit der Grammatiken und Grammtiktheorien im didaktischen Alltag des fremdsprachlichen Deutschunterrichts in Griechenland

vorgelegt von

Eleni Vlachou

Katerini, den 24.11.2013

Inhaltsverzeichnis

0. Einleitung 2
1. Grammatiken, Grammatiktheorien und Sprachebenen 2
2. Beschreibung des Lehrwerks Magnet A2-Deutsch für junge Lerner 5
    2.1. Darstellung, Vermittlung und Anwendung des grammatischen Phänomens des Perfekts im Lehrwerk Magnet A2-Deutsch für junge Lerner 6
    2.2. Bezug auf die Sprachebenen und Bestimmung der Grammatiktheorie auf die sich das Lehrwerk für die Darstellung, Vermittlung und Anwendung des grammatischen Phänomens des Perfekts stützt 7
    2.3. Merkmale der didaktischen Grammatik im Lehrwerk Magnet A2-Deutsch für junge Lerner 9
3. Anwendbarkeit der Grammatiktheorien im Lehrwerk 10
4. Schlussfolgerung 11
5. Literatur- und Quellenverzeichnis 12

0. Einleitung

Der Begriff der Grammatik meint das komplette Regelsystem einer Sprache. (Vgl. Funk/Koenig 1991:12)
Die Grammatik o.a. Sprachlehre ist der Teil der Sprachwissenschaft, der sich mit den sprachlichen Formen und deren Funktion im Satz, mit den Gesetzesmäßigkeiten und dem Bau einer Sprache beschäftigt. (Vgl. http://www.duden.de/rechtschreibung/Grammatik)
Folgende in mehreren Kapiteln strukturierte Arbeit, befasst sich im Großen und Ganzen mit der Grammatik und ihre Vermittlung im FSU.
Ziel der Arbeit ist die Auseinandersetzung mit der didaktischen Grammatik und ihre Beziehung zu den Grammatiktheorien darzustellen und zu beschreiben.
Die Arbeit beginnt mit der Deskription der Facetten bzw. der Kategorien der Grammatik, der Modelle der grammatischen Beschreibung (Grammatiktheorien) und der grammatischen Komponenten (Sprachebenen).
Im weiteren Verlauf wird das Lehrwerk „Magnet A2-Deutsch für junge Lerner" beschrieben.
Danach wird das grammatische Phänomen des Perfekts, in Anlehnung an die verschiedenen Sprachebenen, die Grammatiktheorien und die didaktische Grammatik dargestellt.
Es folgen die Kommentierung bzw. Reflexion der didaktischen Anwendbarkeit der Grammatiktheorien im Lehrwerk aufgrund der Merkmale der didaktischen Grammatik und der Faktoren der Umformung einer linguistischen Grammatik in eine didaktische.

1. Grammatiken, Grammatiktheorien und Sprachebenen

Eine Grammatik ist eine Theorie über eine Einzelsprache. Sie ist ein Gerüst von Hypothesen und Teiltheorien, die eine systematische Beschreibung und Erklärung der Regelhaftigkeit einer Sprache liefern. (Vgl. www.fb10.uni-bremen.de/khwagner/theorie/ppt/Grammatiktheorie1.ppt)
Je nach Ziel der Grammatik wird zwischen linguistischer und didaktischer Grammatik unterschieden. Die wissenschaftliche bzw. linguistische Grammatik verfolgt das Ziel, die Sprache wissenschaftlich zu beschreiben. Im Gegensatz dazu, stellt eine didaktische Grammatik sprachliche Regularitäten mit dem Ziel dar, Lerner beim Aneignen der

1

Fremdsprache zu unterstützen. (Vgl. http://janus.ttk.pte.hu/tamop/tananyagok/dig_jegy_nemet/96_linguistische_und_didaktische_pdagogische_grammatik.html)

Bei der linguistischen Grammatik ist die Grammatik ein indirektes Lehrmaterial und dient nur als Grundlage für den FSU; verfolgt werden systeminterne Prinzipien. Sie dient der Vermittlung und Festigung von grammatischen Kenntnissen, ist vollständig und erfasst die Totalität der grammatischen Phänomene; Ausnahmen spielen dabei eine Rolle. Gekennzeichnet wird die linguistische Grammatik u.a. von der Kürze der Darstellung und die Abstraktheit der Beschreibung. Lernpsychologische Vorgaben werden nicht berücksichtigt. (Vgl. Tsokoglou 2002:29)

Die didaktische Grammatik stellt ein indirektes Lehrmaterial dar; konkreter: sie wird direkt im Unterricht eingesetzt und stützt sich auf didaktisch-methodische Prinzipien. Zu ihren Intentionen gehören u.a. die Entwicklung der sprachlichen Fertigkeiten. (Ebd.) Weitere Merkmale: Die Auswahl, die Visualisierung, die Versteh-, Lern- und Anwendbarkeit. (Vgl.http://janus.ttk.pte.hu/tamop/tananyagok/dig_jegy_nemet/96_linguistische_und_didaktische_pdagogische_grammatik.html)

Nun zu den Modellen grammatischer Beschreibung bzw. zu den Grammatiktheorien: Unter Grammatiktheorie verstehen wir eine Theorie über die Charakteristika von Grammatiken; Sie liefert ein Gerüst von Hypothesen und Teiltheorien über die Art und Organisation der Elemente von Grammatiken und ist zentraler Bestandteil einer allgemeinen Sprachtheorie. (Vgl. www.fb10.uni-bremen.de/khwagner/theorie/ppt/Grammatiktheorie1.ppt)

Die traditionelle Grammatik, der Strukturalismus, die Phrasenstrukturgrammatik, die generative Grammatik und die Dependenzgrammatik können als Modelle grammatischer Beschreibung bezeichnet werden.

Als traditionelle Grammatik wird die vorstrukturalistische Grammatik d.h. die Grammatik vor dem strukturalistischen Ansatz von Ferdinand de Saussure bezeichnet. Die heutige traditionelle Grammatik stellt eine Schulgrammatik dar; Die meisten Grammatikbücher die dieses Modell der grammatischen Beschreibung verfolgen, enthalten Kapitel über die Laute, die Buchstaben, die Wort- und Bedeutungs- und Satzlehre. (Vgl. Tsokoglou 2002:39ff)

Beim Strukturalismus handelt es sich um eine Sammelbezeichnung für verschiedene, sich auf Ferdinand de Saussure berufende, im Einzelnen aber voreinander abweichende sprachwissenschaftliche Richtungen in der ersten Hälfte des 20 Jh. Je nach theoretischem Vorverständnis wird der Terminus des Strukturalismus in unterschiedlicher Weise verwendet;

(Vgl. Bußmann 2002:657f) Einige Termini die charakteristisch für den Strukturalismus sind: Langue, Parole, syntagmatische-paradigmatische Ebene, Segmentierung, Minimalpaarbildung, Klassifizierung, Tests zur Entwicklung von Konstituenten, IC-Analyse (Vgl. Tsokoglou 2002: 82ff)

Bei der Phrasenstrukturgrammatik handelt es sich um einen Grammatiktyp des amerikanischen Strukturalismus; Begriffe die diese Grammatik kennzeichnen: Klassifizierung der Struktur, Phrasenstrukturregeln, Analyse des Satzes und der Phrasen. (Vgl. Bußmann 2002:517f)

Die Generative Grammatik ist in Deutschland die übliche Bezeichnung für die von Noam Chomsky entwickelte Syntaxtheorie (Ebd.: 244); Sie ist nicht nur ein Grammatikmodell für die Sprachbeschreibung und –analyse, sondern auch eine umfassende Theorie über die Sprache und den Spracherwerb. In Anlehnung an die Unterscheidung von Ferdinand de Saussure in Langue und Parole, differenziert Noam Chomsky zwischen Kompetenz und Performanz. (Vgl. Tsokoglou 2002:131)

Als ein weiteres Modell grammatischer Beschreibung kann die Dependenzgrammatik bezeichnet werden. Dabei handelt es sich um ein von Ternière entwickeltes, am Strukturalismus orientiertes Modell, zur Beschreibung der Syntax natürlicher Sprachen. (Vgl. Bußmann 2002:153) Laut Tsokoglou (2002: 148) ist Untersuchungsgegenstand dieser Grammatik der Satz und zwar seine hierarchische Struktur.

Bei der Pragmatik handelt es sich um kein Modell grammatischer Beschreibung, allerdings ist das Miteinbeziehen und Erwähnen dieser von Relevanz, da diese den FSU in besonderem Maße beeinflusst hat. Die Pragmatik ist eine linguistische Teildisziplin, die sich mit dem Gebrauch sprachlicher Ausdrücke, in Äußerungssituationen befasst. Sie geht also wenig von linguistischen Bereichen wie Phonologie, Syntax, Semantik etc. aus, sondern interessiert sich mehr für die verschiedenen Faktoren des Kommunikationsprozesses. (Vgl. Bußmann 2002:534)

Nun zu den Sprachebenen: Die Phonologie, die Morphologie, die Syntax, die Semantik und Pragmatik sind alle Komponenten einer Grammatik. (Vgl. www.fb10.uni-bremen.de/khwagner/theorie/ppt/Grammatiktheorie1.ppt)

Die Grammatik beschreibt im Rahmen einer Grammatiktheorie auf der 1. phonetisch-phonologischen 2. der morphologischen 3.der syntaktischen und 4. auf der semantischen Ebene. Die pragmatische Ebene ist kein Gegenstand grammatischer Beschreibung. Als linguistische Disziplin beschreibt ihre kommunikative Funktion. (Vgl. Tsokoglou 2002: 39ff)

2. Beschreibung des Lehrwerks Magnet A2-Deutsch für junge Lerner

Für die Bearbeitung der Aufgabenstellung der Hausarbeit, war das Anwenden eines kommunikativen Lehrwerks, das für das Grundstufenniveau A2-B1 konzipiert ist, notwendig. Bei dem Lehrwerk das hier benutzt wird, handelt es sich um das Werk mit Titel „Magnet A2-Deutsch für junge Lerner" des Klett-Verlags. Der Titel des Lehrwerks ist Programm: Magnet will die Lernenden anziehen, ihr Interesse und ihre Neugier an der dt. Sprache und an den deutschsprachigen Nationen wecken und ihren Horizont erweitern.

Magnet richtet sich an junge Lerner ab 12 Jahren, die DaF von Beginn an lernen.

Zur Struktur ist folgendes festzuhalten: Das Lehrwerk orientiert sich am Gemeinsamen europäischen Referenzrahmen für Sprachen und deckt in drei Bänden die Niveaus A1-B1 ab. Der Band der hier benutzt wird, ist wie schon erwähnt, der zweite. Dieser besteht aus einem Kursbuch, einem Arbeitsbuch, einem Testheft, einem griechischen Begleitheft und dem Lehrerhandbuch.

Das Kursbuch besteht aus zehn Lektionen, die thematisch voneinander unabhängig sind. Jede Lektion gliedert sich in drei Präsentationsphasen (A, B, C), die jeweils einen Aspekt des Lektionsthemas beleuchten.

Das Arbeitsbuch ist transparent gegliedert und folgt progressiv den einzelnen Lektionen des Kursbuches. Es enthält Übungen zu jeder Lektion und Aufgaben zur weiteren Bewusstmachung und Festigung des Wortschatzes und der grammatischen Strukturen. Der Schwerpunkt des Arbeitsbuches liegt auf schriftlichen Aktivitäten. Die Arbeitsanweisungen sind sowohl im Kurs- als auch im Arbeitsbuch auf Deutsch.

Das Testheft enthält Tests zu den einzelnen Lektionen, die die grammatische und kommunikative Kompetenz der Lernenden prüfen und zur Lernfortschrittkontrolle eingesetzt werden können.

Das griechische Begleitheft enthält das neu eingeführte Vokabular, das an den Texten des Kursbuches orientiert ist; dieses wird in Form von zweisprachigen Listen dargeboten. Hinzukommend bietet das Begleitheft weitere Aufgaben zu den vier Fertigkeiten, die parallel zum Lehrwerk (kapitelweise) bearbeitet werden können. Die Arbeitsanweisungen sind hier in griechischer Sprache herauszulesen.

Bei den Aufgabentypen handelt es sich ausschließlich um solche die in den Prüfungen Fit in Deutsch 2 vorkommen.

Das Lehrerhandbuch enthält methodisch-didaktische Hinweise zu den Übungen und Aufgaben sowie die Transkriptionen der Hörtexte und alle Lösungen zu Kurs- und Arbeitsbuch.

2.1. Darstellung, Vermittlung und Anwendung des grammatischen Phänomens des Perfekts im Lehrwerk Magnet A2-Deutsch für junge Lerner

Zum Einstieg bzw. zur Einführung und Vorentlastung in die Thematik sehen sich die Lerner ein Bild[1] mit zwei Sprechblasen an. Beim Lesen dieser entdecken die Lerner das neue grammatische Phänomen; hinzukommend wird die Situation damit geklärt. Danach sehen sich der Lehrer und die Lerner gemeinsam eine Fotostory[2] an und besprechen die einzelnen Bilder. Anschließend ordnen die Schüler jedem Bild einen Satz zu und bringen die Sätze in die richtige Reihenfolge (Zuordnungsübung).[3]

Zur Kontrolle wird die Konversation die zwischen den zwei Jungen geführt wird, in Form eines Hörtextes abgespielt. Es folgt die Einführung des Perfekts: Durch eine weitere Zuordnungsübung[4] wird die Aufmerksamkeit der Lerner auf die Verben aus den vorigen beiden Übungen bekannten Sätzen gelenkt. Sätze müssen hier vervollständigt werden. Es erfolgt die Korrektur. Danach wird die Bildung des Perfekts besprochen, die in Grundzügen bereits aus Magnet A1 bekannt ist.[5] Anhand einer Sprechübung[6] werden der neue Wortschatz und die Perfektformen angewandt. Die Temporalangaben in den Sprechblasen werden vom Lehrer erläutert. Es folgt eine zweite Sprechübung[7]; Die Schüler müssen darüber sprechen, was nach Markus´ Unfall passiert sein könnte. Dabei erklärt der Lehrer ggf. neues, unbekanntes Vokabular und macht auf die neuen Perfektformen aufmerksam.

Danach wird eine weitere Übung[8] gelöst; Die Lerner müssen vorgegebene Infinitive, Perfektformen, zuordnen; die bisher erarbeiteten Perfektformen werden systematisiert. Es folgt die Korrektur und die Erarbeitung der Partizipbildung.[9]

---

[1] Anhang II
[2] Anhang III
[3] Anhang II Aufgabe 1
[4] Anhang III Aufgabe 3
[5] Anhang IV- Verben im Perfekt
[6] Anhang V Aufgabe 4
[7] Anhang V Aufgabe 5
[8] Anhang V Aufgabe 6
[9] Anhang IV- Partizip Perfekt

Alles in Allem: Die Darstellung des grammatischen Phänomens des Perfekts erfolgt zunächst durch Sprechblasen, danach durch vorformulierte Sätze, die Bildern zugeordnet und Sätze die vervollständigt werden müssen.

Zur Vermittlung des Perfekts ist folgendes festzuhalten: Die Didaktisierung erfolgt- nachdem zwei Übungen, aus denen ein zusammengesetzter Text herauszulesen bzw. herauszuhören ist, gelöst wurden- in Form einer vorformulierten Regel mit Lücken, die gefüllt werden müssen.

Die Anwendung des neu eingeführten grammatischen Phänomens und des Wortschatzes erfolgt durch zwei Sprechübungen. Zur weiteren Bewusstmachung und Festigung der neu eingeführten grammatischen Struktur des Perfekts und des Vokabulars, werden auch Übungen im Arbeitsbuch[10] und im griechischen Begleitheft[11], gelöst.

Für die Vermittlung der Bildung des Partizip Perfekts wird ebenfalls eine im Buch vorformulierte Regel angewandt.

2.2. Bezug auf die Sprachebenen und Bestimmung der Grammatiktheorie auf die sich das Lehrwerk für die Darstellung, Vermittlung und Anwendung des grammatischen Phänomens des Perfekts stützt

Laut Garvin kann die Ebene als Komplex struktureller Beziehungen definiert werden, die einen spezifisch qualitativen Aspekt der Sprache kennzeichnen. (Vgl. titus.uni-frankfurt.de/personal/manana/allgem/all03.pdf)

Mit dem Wort Sprachebene weist man darauf hin, dass die Teilbereiche der Grammatik und auch oft die Grammatik selbst, nach dem Prinzip „von den kleinen zu den immer größeren Einheiten" organisiert sind. In jeder Ebene bzw. Schicht werden Einheiten nach bestimmten Regeln zusammengesetzt; die Einheiten höherer Ebenen ergeben sich allerdings nicht automatisch als Resultat der Kombination von Einheiten der niedrigeren Ebene. (Vgl. www.wortbedeutung.info/sprachebene)

Komponenten einer Grammatik sind wie schon in Kapitel 1. erwähnt wurde, die Phonologie, die Morphologie, die Syntax, die Semantik und die Pragmatik.

In Anlehnung an die grammatische Struktur des Perfekts und die Grammatiktheorien auf die sich das Lehrwerk stützt, ist folgendes festzuhalten: Auf morphologischer Ebene wird

---

[10] Anhang VI und VII
[11] Anhang VIII und IX

bei der Bildung des Partizip Perfekts segmentiert.[12] Als Segmentierung wird die Einteilung der Wörter in kleinere Einheiten, denen jeweils eine Bedeutung bzw. bestimmte Funktion zugeschrieben werden kann, bezeichnet. (Vgl. http://www.germsem.uni-kiel.de/ndnl/materialien/wintersemester0910/Einf%20Sprwiss%205%20%20Morphologie %20I.pdf) Resultat dieser Segmentierung ist die Gliederung in Morpheme; Morpheme sind die kleinste beudeutungstragende Einheit. Bei der Vorsilbe *ge-* des Partizips handelt es sich um ein Morphem; bei den Nachsilben bzw. Suffixen *-t/-en* handelt es sich um Allomorphe; Allomorphe sind bedeutungs- und funktionsgleiche bzw. –ähnliche Varianten eines Morphems. (Vgl. http://armazi.fkidg1.uni-frankfurt.de/personal/manana/Allgem/all06.pdf)

In Zusammenhang mit der beabsichtigten Vermittlung der Bildung des Perfekts und der syntaktischen Ebene ist folgendes festzuhalten: Es wird auf die Stellung des Verbs im Satz hingewiesen; Dies erfolgt mit einer abgebildeten Tabelle und einer vorformulierten Regel mit Lücken, die gefüllt werden müssen (Ebd.). Die Hilfsverben haben und sein stehen auf Position zwei. Das Partizip Perfekt am Satzenden.

Nun zur semantischen Ebene: Auf die Bedeutung des Tempus des Perfekts-dass es ich also um eine Zeitform der Vergangenheit handelt- wird eingegangen wie auch auf die Tatsache, dass einige Verben mit dem Hilfsverb sein und andere mit dem Hilfsverb haben das Perfekt bilden (Ebd.).

Die pragmatische Ebene beschreibt-wie schon in Kapitel 1. erwähnt- die kommunikative Funktion der sprachlichen Äußerung. In Anlehnung daran kann folgendes festgehalten werden: Das Perfekt hat drei verschiedene Hauptfunktionen: 1. Bezug auf Vergangenes 2. Bezug auf Vergangenes mit Auswirkung auf die Gegenwart 3. Bezug auf Zukünftiges. (Vgl. http://www.canoo.net/services/OnlineGrammar/Wort/Verb/Tempora/Perfekt.html)

Das Perfekt des Vergangenen drückt Sachverhalte und Geschehen aus, die abgeschlossen sind (Bsp.: Kolumbus hat 1492 Amerika entdeckt.). Bei dieser Verwendung hat das Perfekt die gleiche Funktion wie das Präteritum. Der Beispielsatz kann auch im Präteritum verwendet werden, ohne dass sich dabei die Bedeutung verändert (Bsp.: Kolumbus entdeckte 1492 Amerika.). Stilistisch gesehene ist es aber besser, in Erzählungen das Präteritum zu verwenden. Das Präteritum kann nicht das Perfekt des Vergangenen mit Auswirkung auf die Gegenwart ersetzen. Voriges wird häufig verwendet, um Vergangenes auszudrücken, das im Sprechzeitpunkt noch wichtig und aktuell ist (Bsp. Er hat das Buch schon gelesen. [Er kennt es.]).Die dritte Funktion die das Perfekt haben kann, ist die des

---

[12] Anhang IV

zukünftigen Ausdrucks; Ein Geschehen, das in der Zukunft abgeschlossen oder vollzogen sein wird, kann ausgedrückt werden (Bsp.: Wir haben es bald geschafft.).
Anzumerken ist, dass bei diesem Sprachniveau, die ersten beiden Funktionen des Perfekts vermittelt werden.

2.3. Merkmale der didaktischen Grammatik im Lehrwerk Magnet A2-Deutsch für junge Lerner

Wie schon in Kapitel 1. erwähnt wurde, stellt eine didaktische Grammatik sprachliche Regularitäten mit dem Ziel dar, Lerner beim Aneignen der Fremdsprache zu unterstützen; Eine didaktische Grammatik wählt Theorien und Ansätze aus unterschiedlichen linguistischen Modellen aus und versucht diese für Sprachlernzwecke anzuwenden. Merkmale sind demzufolge: Auswahl, Visualisierung, Verstehbarkeit, Lernbarkeit, Anwendbarkeit. Lerngrammatiken enthalten u.a. Lernhilfen durch Visualisierung (Zeichen, Symbole, Farben), eine Signalgrammatik (Bsp.: die Strukturen sind im Text hervorgehoben), tabellarische Darstellung (eines Paradigmas), Merksätze, Strategien, wenig Terminologie.
Didaktische Grammatiken können untergegliedert werden in: 1. Lehrwerkbezogene Grammatiken (Regelsystem in Lehrbüchern dargestellt) 2. Lehrwerkunabhängige Nachschlagewerke und 3. Lehrwerkunabhängige Übungsbücher. (Vgl. http://janus.ttk.pte.hu/tamop/tananyagok/dig_jegy_nemet/96_linguistische_und_didaktische_pdagogische_grammatik.html)
Bei der Grammatik des Lehrwerks *Magnet A2-Deutsch für junge Lerner* handelt es sich um eine lehrwerkbezogene Grammatik. Die Merkmale die bei der Darstellung, Vermittlung und Anwendung des Perfekts im Lehrwerk erscheinen, sind u.a. die Signalgrammatik, die Visualisierung und die tabellarische Darstellung mehrerer Paradigmen. In der ersten Tabelle[1] sind das Hilfsverb, das an zweiter Stelle und das Partizip, das am Ende des Satzes steht, fett gedruckt bzw. hervorgehoben. Das Anwenden des Symbols der Lupe und der Einsatz der roten Farbe sind eine Lernhilfe (→Visualisierung). Die Regel wird reduziert; das visuell Hervorgehobene wird besser beibehalten. Das neue grammatische Phänomen wird tabellarisch, anhand mehrerer Beispiele, dargestellt.
Darüber hinaus ist das Lehrwerk lektionsmäßig gegliedert; Voriges stellt ein weiteres Merkmal der didaktische Grammatik dar, die didaktisch-methodische Prinzipien verfolgt. Soviel zur Darstellung und Vermittlung der neuen grammatischen Struktur.

Nun zu den Charakteristika der didaktischen Grammatik, die bei der Anwendung des Tempus des Perfekts erscheinen: Das Prinzip der schrittweisen Progression wird verfolgt d.h. man geht vom Einfachen zum Schwierigen. Bei der ersten Aufgabe des Arbeitsbuches muss z.b. aus vorgegebenen Sätzen, die in Form von Sprechblasen dargeboten werden, zu dem Bild, mit dem die neue grammatische Striktur vorentlastet wurde, ein Minidialog zusammengesetzt werden.[13] Bei der zweiten Aufgabe muss das richtige Partizip dem richtigen Satz zugeordnet werden.[14] Bei der dritten Aufgabe müssen die Lerner das Geschehen schriftlich dokumentieren; das Perfekt muss dabei angewandt werden.[15]

Ein weiteres Merkmal der didaktischen Grammatik, das im Lehrwerk vorhanden ist, ist die Tatsache, dass technische Hilfsmittel benutzt werden. Bei der zweiten Aufgabe des Kursbuches z.B. wird akustisches Material angewandt.[16]

3. Anwendbarkeit der Grammatiktheorien im Lehrwerk

In den vorigen Kapiteln wurden die theoretischen Grundlagen der Grammatiken und der Modelle grammatischer Beschreibung behandelt, das *Lehrwerk Magnet A2- Deutsch für junge Lerner* und die Darstellung, Vermittlung und Anwendbarkeit der grammatischen Struktur des Perfekts beschrieben. Nun wird die Anwendbarkeit der Grammatiktheorien die im Lehrwerk und konkreter im Darstellungs-, Vermittlungs- und Anwendungsbereich des neu eingeführten grammatischen Phänomens verfolgt wurden, kommentiert.

Zu den Modellen grammatischer Beschreibung die im Lehrwerk „repräsentiert" wurden gehören u.a. die Traditionelle Grammatik, der Strukturalismus und die Pragmatik. Regeln wurden zur korrekten Bildung des Perfekts eingeführt; diese wurden mit Beispielen erläutert. Bei den Paradigmen gibt eine lineare Darstellung der Satzstruktur. All diese Aspekte kennzeichnen die Traditionelle Grammatik.

Die Segmentierung die bei der Vermittlung der Regeln benutzt wird, kann als Komponente des strukturalistischen Modells grammatischer Beschreibung bezeichnet werden.

Die Untersuchung der Funktion der grammatischen Phänomens des Perfekts in der Kommunikation, ist Gegenstand der Pragmatik.

Meines Erachtens sind diese drei Grammatiktheorien so wie sie verfolgt werden anwendbar; die Fachtermini der Grammatik sind sparsam dosiert. Mit anderen Worten: Die Ler-

---

[13] Anhang VI Aufgabe 1
[14] Anhang VI Aufgabe 2
[15] Anhang VII Aufgabe 3
[16] Anhang III Aufgabe 2

ner, die sich in der Anfangsstufe befinden, werden nicht mit viel Theorie und Fachbegriffen konfrontiert; nur die wichtigen Begriffe und Theoriebereiche werden behandelt.

Die Aufgaben und Übungen sind so konzipiert, dass der Einsatz unterschiedlicher Unterrichtsformen möglich ist.

Das Lebensaltere der Lerner wird berücksichtigt; die Themen sind altersgemäß und entsprachen den Interessen der Zielgruppe.

Alles in Allem: die Grammatiktheorien sind in dieser Erscheinungsform ohne Bedenken im Unterricht anwendbar.

4. Schlussfolgerung

Die Arbeit befasste sich mit den Grammatiken und den Modellen grammatischer Beschreibung.

Zunächst wurden die Kategorien der Grammatiken (didaktische-linguistische) und die Grammatiktheorien genannt und kurz analysiert.

Danach wurde das Lehrwerk „Magnet A2-Deutsch für junge Lerner" des Klett-Verlags beschrieben.

Es folgte die Deskription der Art und Weise auf die die grammatische Struktur des Perfekts im Lehrwerk dargestellt, vermittelt und angewendet wurde.

Gegen Ende wurde die Anwendbarkeit der Grammatiktheorien im Lehrwerk kommentiert.

Nach Auswertung der Modelle grammatischer Beschreibung wurde deutlich, dass diese im didaktischen Alltag des fremdsprachlichen Deutschunterrichts in Griechenland existieren können und einwandfrei anwendbar sind. Natürlich können nicht alle Komponenten einer Grammatiktheorie sondern nur Teilaspekte übernommen werden (Bsp.: lineare Darstellung der Satzstruktur; die hierarchische würde vor allem in dieser Altersstufe das nicht Verständnis und die Überforderung zur Folge haben).

Alles in allem: Im Lehrwerk herrscht eine Fusionierung der Grammatiktheorien, ein Pluralismus an Modellen grammatischer Beschreibung und so sollte es auch sein. Wichtig dabei ist, dass der Lehrende in der Lage ist die linguistischen Theorien hinter der Grammtik im Lehrwerk zu erkennen und im Weiteren zu untersuchen (Anwendbarkeit in der Klasse, Aufbau etc.).

5. Literatur- und Quellenverzeichnis

Bußmann Hadumod (2002): Lexikon der Sprachwissenschaft-3. aktualisierte und erweiterte Auflage. Stuttgart: Kröner Verlag

Funk H./Koenig M. (1991): Grammatik lehren und lernen. Fernstudieneinheit 1. Kassel, München, Tübingen u.a. Langescheidt.

Motta, Giorgio (2009): Magnet. Deutsch für junge Lerner. Arbeitsbuch mit Audio-CD. Stuttgart: Klett.

Motta, Giorgio (2009): Magnet. Deutsch für junge Lerner. Kursbuch mit Audio-CD. Stuttgart: Klett.

Motta, Giorgio (2009): Magnet. Deutsch für junge Lerner. Lehrerheft. Stuttgart: Klett.

Funk H./Koenig M. (1991): Grammatik lehren und lernen. Fernstudieneinheit 1. Kassel, München, Tübingen u.a. Langescheidt.

Tsokoglou, Angeliki (2002): Grammatik und ihre Vermittlung im Fremdsprachenunterricht. Band A. Patras: Hellenic Open University.

http://www.duden.de/rechtschreibung/Grammatik (Stand vom 11.11.2013)

www.fb10.uni-bremen.de/khwagner/theorie/ppt/Grammatiktheorie1.ppt (Stand vom 11.11.2013)

http://janus.ttk.pte.hu/tamop/tananyagok/dig_jegy_nemet/96_linguistische_und_didaktische_pdagogische_grammatik.html (Stand vom 14.11.2013)

www.fb10.uni-bremen.de/khwagner/theorie/ppt/Grammatiktheorie1.ppt (Stand vom 14.11.2013)

titus.uni-frankfurt.de/personal/manana/allgem/all03.pdf (Stand vom 18.11.2013)

www.wortbedeutung.info/sprachebene (Stand vom 19.11.2013)

http://www.germsem.unikiel.de/ndnl/materialien/wintersemester0910/Einf%20Sprwiss%205%20%20Morphologie%20I.pdf (Stand vom 19.11.2013) http://armazi.fkidg1.uni-frankfurt.de/personal/manana/Allgem/all06.pdf (Stand vom 19.11.2013)

http://www.canoo.net/services/OnlineGrammar/Wort/Verb/Tempora/Perfekt.html (Stand vom 19.11.2013)

Anhang

LESEN

1 Welcher Text passt zu welchem Bild? Ordne zu und bring dann die Sätze in die richtige Reihenfolge.

- ☐ 1. Der Trainer hat mich ins Krankenhaus gebracht.
- ☐ 2.
- ☐ 3.
- ☐ 4.
- ☐ 5.
- ☐ 6.

	1	2	3	4	5	6
Bild	C					
Text	1					

II

GRAMMATIK

3 Was hat Markus gemacht? Ordne zu.

☐ 1. Er hat sich das Bein …   a … hingefallen
☐ 2.   b …
☐ 3.   c …
☐ 4.   d …
☐ 5.   e …
☐ 6.   f …
☐ 7. I   g …
☐ 8.   h …
☐ 9.   i …

III

Grammatik auf einen Blick

Verben im Perfekt (2)

Daniel hat mir eine SMS geschickt.

haben / sein		Partizip Perfekt
Ich **habe**	am Samstag Fußball	**gespielt**.

Satzklammer

Perfekt mit *haben*	⊙	Perfekt mit *sein*	→
hat ... gespielt		ist ... gelaufen	
...		...	

Partizip Perfekt (2)

Regelmäßige Verben: ge- ... t

Unregelmäßige Verben: ge- ... en

Trennbare Verben: ... -ge- ... t / en

Verben auf -*ieren*: ... t

IV

SPRECHEN

4 Erzähl mit deinen Worten, was passiert ist.

Am Samstag hat Markus ...

SPRECHEN

5 Wie ist es weitergegangen? Diskutiert in der Klasse.

Hat Markus im Auto geweint?

GRAMMATIK

6 Wie lautet das Perfekt? Verbinde.

weinen — hat ... geweint

→ AB S. 24, 1-5

2 Ordne zu und ergänze.

gegangen gebrochen geschossen verloren gespielt eingegipst hingefallen
geblieben gebracht wehgetan

1. Markus hat Fußball _____ .
2.
3.

VI

3 Was ist passiert? Berichte.

Letzten Samstag hat Markus Fußball gespielt.

---

4 Interview. Sprich mit deinen Klassenkameraden. Stell immer nur eine Frage und notiere die Antworten. Berichte dann in der Klasse.

1. Hast du schon mal Fußball gespielt?
2.
3.
4.

5 Bilde Sätze im Perfekt.

1. brechen — *Ich habe mir das Bein gebrochen.*
2. aufstehen
3. spielen
4.
5.
6.
7.
8.
9.
10.
11.
12.

VII

Lektion 13
Es ist passiert

KB: S. 34-36: Ü1-6

1 Perfekt mit „sein" oder „haben"? Markiere die richtige Lösung und ergänze die Tabelle!
Παρακείμενος με „sein" ή με „haben". Συμπλήρωσε τον πίνακα.

Infinitiv	sein	haben	Perfektform
lernen		X	Ich habe gelernt.

2 Perfekt. Welche Sätze sind richtig (R), welche falsch (F)? Schreib die Sätze dann richtig.
Παρακείμενος. Ποιες προτάσεις είναι σωστές (R) και ποιες λάθος (F);
Διόρθωσε τα λάθη στις προτάσεις.

1. Heute habe ich meine Hausaufgaben gemacht.   R   F
2.   R   F
3.   R   F
4.   R   F
5.   R   F
6.   R   F

KB: S. 40; Ü14

3 Bilde Sätze im Perfekt.
Σχημάτισε προτάσεις στον παρακείμενο.

a. spielen – gestern – wir – Fußball.

KB: S. 40; Ü15

4 Ergänze das Partizip Perfekt.
Συμπλήρωσε τη μετοχή παρακειμένου.

Hallo, Gigi!

Wie geht's dir? Mir geht's leider sehr schlecht. Letzte Woche _____ wir in Mathe einen Test _____ (schreiben) und heute .

BEI GRIN MACHT SICH IHR WISSEN BEZAHLT

- Wir veröffentlichen Ihre Hausarbeit, Bachelor- und Masterarbeit

- Ihr eigenes eBook und Buch - weltweit in allen wichtigen Shops

- Verdienen Sie an jedem Verkauf

Jetzt bei www.GRIN.com hochladen und kostenlos publizieren